ÉTUDE

SUR LA

COMPTABILITÉ NOTARIALE

—

RAPPORT

*Lu à l'Assemblée générale des Notaires de l'arrondissement
de Toulon (Var), le 17 novembre 1885.*

PAR

Me LÉOPOLD GENCE

NOTAIRE A TOULON, SECRÉTAIRE DE LA CHAMBRE

TOULON

IMPRIMERIE A. ISNARD ET Cie,
Boulevard de Strasbourg, 56.

—

1886

ÉTUDE

SUR LA

COMPTABILITÉ NOTARIALE

———

RAPPORT

*Lu à l'Assemblée générale des Notaires de l'arrondissement
de Toulon (Var), le 17 novembre 1885.*

PAR

Mᵉ LÉOPOLD GENCE

NOTAIRE A TOULON, SECRÉTAIRE DE LA CHAMBRE

TOULON

IMPRIMERIE A. ISNARD ET Cⁱᵉ,
Boulevard de Strasbourg, 56.

—

1886

MONSIEUR LE PRÉSIDENT,

MESSIEURS ET CHERS COLLÈGUES,

Depuis l'application de notre nouveau règlement, que nous devons à l'initiative et au
zèle infatigable de notre honorable Président,
et conformément aux dispositions de l'article
45, les Assemblées générales de notre corporation ont été presque toujours consacrées à
la lecture de rapports écrits sur des questions
de pratique ou de théorie notariale.

Plusieurs de nos collègues ont, tour à tour,
traité avec le plus grand talent, diverses
questions de droit se rattachant spécialement
à notre profession.

C'est ainsi que, successivement, nous avons
applaudi des études sur :

1° La responsabilité notariale en matière
de placements hypothécaires et par billets

sous seing privé, faits par l'intermédiaire des notaires ;

2° Sur l'origine du notariat ;

3° Sur les caractères du partage des ascendants ;

4° Sur la loi du 23 mars 1855, relative à la transcription hypothécaire, principalement dans ses rapports avec le notariat ;

5° Sur le renvoi des ventes judiciaires devant un notaire commis ;

6° Sur les rapports ;

Et 7° sur les donations entre époux, contenues dans les donations-partage.

Le sujet que je viens aujourd'hui développer devant vous, n'est pas une question de droit, mais il se rattache étroitement à notre profession, et l'on peut affirmer que beaucoup de désastres auraient été évités si chaque notaire eut tenu, d'une manière exacte, sa comptabilité d'Étude.

Je vais donc vous parler, mes chers collègues, de la Comptabilité notariale.

Mais, avant d'aller plus loin, laissez-moi me demander avec vous, combien serait grande la stupéfaction de nos arrière-prédécesseurs en nous entendant traiter un pareil sujet.

En effet, eux qui tenaient modestement, au

jour le jour, un petit registre des recettes et
dépenses afférant à chacun de leurs actes, ne
seraient-ils pas effrayés d'entendre prononcer
le grand mot de comptabilité, qu'ils croyaient
alors spécial aux opérations aventureuses de
la Banque et du Commerce. Mais, Messieurs
et chers collègues, tout en respectant les cou-
tumes de nos devanciers, nous n'en avons pas
moins le devoir de marcher avec notre siècle,
et c'est d'après les obligations et les usages
d'aujourd'hui, que je dois examiner la question choisie par la Chambre.

Je vais donc étudier rapidement devant
vous la législation qui nous régit, et vous
exposer les moyens pratiques que les divers
auteurs, qui ont traité cette question, et les
diverses Chambres des notaires qui s'en sont
spécialement occupées, croient devoir propo-
ser à leurs collègues.

Il ne peut y avoir de règle absolue en cette
matière, car l'importance des Études, les habitudes de chaque pays, et l'expérience acquise
par chacun de nous, peuvent en varier la
forme, mais la base doit rester la même, et
l'on peut poser en principe, sans craindre
d'être démenti, qu'une Étude de notaire ne
peut bien marcher sans comptabilité sérieuse.

Je vais faire mon possible, mes chers collègues, pour m'acquitter de mon mieux de la tâche qui m'est dévolue, et je vous demande d'avance, certain qu'elles ne me feront pas défaut, votre bienveillance et votre excessive indulgence.

ÉTAT DE LA LÉGISLATION

La loi du 25 ventôse an XI, qui est la base fondamentale de notre institution, ne traite pas cette question.

L'ordonnance du 4 janvier 1843, relative à l'organisation des Chambres des notaires et à la discipline notariale, n'y touche elle-même que d'une manière très indirecte.

Toutefois, si les sages prescriptions de cette ordonnance avaient été partout respectées, nous n'aurions pas vu les désastres qui nous ont affligés si souvent ces derniers temps.

Le but du législateur a été, à une époque où la fortune publique se transforma par la création des sociétés commerciales et des valeurs mobilières, et où commençait une ère de fièvre de spéculation, qui, plus tard, hélas! devait nous amener de si grands désordres, de protéger les notaires contre les entraînements et les tentations auxquels il leur serait peut-être difficile de résister.

En effet, l'article 12 de cette ordonnance est ainsi conçu :

« Il est interdit aux notaires, soit par eux-
« mêmes, soit par personnes interposées,
« soit directement, soit indirectement : 1° de
« se livrer à aucune spéculation de Bourse
« ou opération de commerce, banque, es-
« compte et courtage ;

« 2° De s'immiscer dans l'administration
« d'aucune société, entreprise ou compagnie
« de finance, de commerce ou d'industrie.

« 3° De faire des spéculations relatives à
« l'acquisition et à la revente des immeubles, à
« la cession de créances, de droits incorporels.

« 4° De s'intéresser dans aucune affaire
« pour laquelle ils prêtent leur ministère ; de
« placer en leur nom personnel des fonds
« qu'ils auraient reçus, même à la condition
« d'en servir intérêt ; enfin, de se constituer
« garants ou cautions, à quelque titre que ce
« soit, des prêts qui auraient été faits par
« leur intermédiaire, ou qu'ils auraient été
« chargés de constater par acte public ou
« privé. »

Enfin, la circulaire de M. Dufaure, alors Garde des Sceaux, Ministre de la Justice, en date du 19 octobre 1876, est venue combler le vide laissé par le législateur, dans la loi de ventôse et l'ordonnance de 1843.

En effet, pour prémunir les notaires contre l'entraînement de la spéculation qui a pris de si grandes proportions dans ces derniers temps, cette circulaire engage les Chambres des notaires à faire afficher, dans toutes les Études, le texte de l'article 12 de l'ordonnance de 1843, dont j'ai donné lecture plus haut. Elle prescrit à MM. les Procureurs généraux et aux chefs de Parquets, au moment de la cession des offices, de vérifier si, dans la pratique, le cédant s'est conformé au règlement, et, dans le cas où des contraventions fréquentes auraient été relevées, elle déclare que le ministère se trouverait forcé de réduire le prix de l'office, dans la proportion qui serait nécessaire pour que le successeur ne fut pas, en quelque sorte, obligé de suivre les mêmes errements et d'augmenter les produits de l'Étude par des opérations irrégulières.

Cette même circulaire engage les notaires à opérer leurs recouvrements dans le courant de l'année, car le notaire qui attend trop longtemps à retirer ce qui lui est dû, peut se trouver gêné par le manque de fonds de roulement, et se trouve, par suite, exposé à des tentations, ou condamné à des expédients toujours regrettables.

Elle exige aussi que, lors de la cession des offices, il soit dressé un état des recouvrements à opérer, que cet état soit divisé en deux colonnes, l'une pour les honoraires et l'autre pour les déboursés, de telle sorte que si le montant des sommes dues excède la moyenne des produits de plusieurs années, le Ministre aura la faculté de faire subir au prix stipulé dans le traité, une réduction motivée par la situation désavantageuse qui serait faite au successeur. Il est nécessaire que les notaires tiennent leur comptabilité avec soin et régularité de manière à pouvoir se rendre compte, jour par jour, de leur situation vis-à-vis de chacun de leurs clients.

Il est certain, en effet, que la plupart des notaires qui se rendent coupables de détournements ne sont pas tous de mauvaise foi au début, mais souvent le défaut d'écritures les a trompés sur leur situation. Ils ne se sont aperçus que trop tard que leurs dépenses étaient supérieures au produit de l'Étude, et, placés sur une pente glissante, ils se sont laissés entraîner jusqu'à disposer des fonds de leurs clients.

Si de la théorie nous passons à la pratique, nous trouvons plusieurs ouvrages relatifs à la comptabilité notariale, mais les uns sont trop compliqués, d'autres ont voulu adapter à nos affaires la comptabilité commerciale en partie double, ce qui n'est pas pratique et nécessiterait l'emploi d'un personnel spécial.

Car il ne faut pas oublier que si dans quelques grandes villes les revenus de l'Étude obligent les titulaires à avoir un caissier comptable, le plus grand nombre des notaires ne pourrait faire face à une pareille dépense qui absorberait la plus grande partie de leurs revenus professionnels.

Plusieurs méthodes sont excellentes et je ne serai pas exclusif à ce sujet, car il faut tenir compte des habitudes du pays, de l'importance de l'Étude, de la manière dont s'opèrent les transactions, tout autant de causes et de raisons qui peuvent faire varier la tenue de la comptabilité.

Il suffit au fond que le mode que chacun adopte puisse donner par jour et facilement l'état de la caisse ; par trimestre, l'état des comptes de l'Étude et des clients ; par année, l'inventaire et la balance de l'actif et du passif, et surtout que les dépôts soient toujours disponibles.

Si tous les notaires s'étaient toujours astreints à pratiquer cette modeste comptabilité, bien des malheurs auraient été prévenus, la connaissance de la situation vraie eût arrêté les notaires négligents et empêché leur chute ; elle eût été pour d'autres un sévère avertissement en révélant les dangers auxquels ils s'exposaient.

Dès 1849, des dispositions particulières avaient été prises par plusieurs Chambres, des modèles de comptabilité avaient été dressés et distribués, et plusieurs d'entre elles reconnaissant qu'il fallait une sanction à leurs prescriptions avaient institué dans leur sein une Commission dite de comptabilité, chargée de faire des inspections annuelles chez les membres de la compagnie, de s'assurer de la bonne tenue de l'Étude en général et de la comptabilité en particulier.

J'ai sous les yeux une copie de la délibération prise, le 3 novembre 1876, par la Chambre des notaires de l'arrondissement de Corbeil (Seine-et-Oise), qui, à la suite de la circulaire du Garde des Sceaux, Ministre de la Justice, du 19 octobre 1876, a décidé qu'une lettre

circulaire serait adressée à chaque membre
de la corporation en exercice avec les prescriptions suivantes :

« Chaque notaire est invité à veiller avec le
plus grand soin à la bonne tenue de sa comptabilité ; elle doit être distincte pour les frais et
pour les dépôts ou comptes des clients.

« En ce qui concerne les frais, cette comptabilité comprendra :

« Un Livre dit de Taxe sur lequel sont portés
avec un numéro d'ordre tous les actes avec le
détail des frais en déboursés et honoraires.

« Une Main-Courante sur laquelle s'inscrivent jour par jour les recettes et les dépenses
relatives aux actes et à l'Étude.

« Un registre appelé LIVRE DE DÉBETS, sur
lequel sont relevés, au moins mensuelle-
ment, au nom de chaque débiteur, les actes
par lui faits, le coût total de ces actes, tel qu'il
résulte du registre de taxe, et les sommes ver-
sées pour acompte ou pour solde de ces frais.

« En ce qui concerne la comptabilité des dépôts ou comptes des clients, elle se compose :

« D'un registre ou Main-Courante, sur lequel s'inscrivent jour par jour les sommes ou
dépôts versés par ou pour les clients et les
paiements faits à ou pour ceux-ci.

« Et d'un registre, appelé Grand-Livre, sur lequel se relèvent, au nom de chaque client, les opérations consignées au registre précédent.

« De plus, et pour que chaque notaire se trouve toujours au courant de sa situation et de celle de ses clients, il devra :

« Tous les ans, avant le 15 février, faire un relevé de tous ses recouvrements au 31 décembre précédent.

« Et tous les trois mois, une balance avec relevé de chacun des comptes ouverts aux clients sur le Grand-Livre.

« Pour assurer le bon fonctionnement des résolutions qui précèdent, chaque année, la Chambre se partagera en Commissions, et visitera chacune des Études de l'arrondissement dans le courant du mois de mars et d'avril. La Chambre décide encore la réimpression de sa décision du 8 mars 1845 sur les recouvrements, avec adjonction de l'article 12 de l'ordonnance du 4 janvier 1843.

« Qu'un tableau contenant cette réimpression sera adressé à chaque notaire avec invitation de le tenir, ainsi que celui des interdits et celui des notaires de l'arrondissement, constamment et visiblement exposé dans chaque Étude. »

La seule disposition que je critique dans cette délibération est cette visite des Études qui porte avec elle un certain cachet d'inquisition et est partant vexatoire, car elle permet à des notaires de prendre indirectement connaissance des affaires de leurs confrères.

Et bien que, d'après l'honorable Me Jozon, secrétaire de la Chambre des notaires de Corbeil, qui a mis beaucoup de bienveillance à m'adresser ce document, ces derniers n'avaient dans leur arrondissement qu'à se louer, chaque jour, de l'application de cette mesure, je crois, quant à moi, qu'elle ne pourrait être appliquée partout, que, dans beaucoup de pays, elle serait inopportune, et que certainement il faudrait, au moins dans la pratique, en mitiger l'emploi avec la plus délicate circonspection.

La science et la pratique de l'ordre dans la comptabilité sont pour tout notaire aussi essentielles que la connaissance du droit et des règles professionnelles, car si celle-ci sauvegarde sa responsabilité, la probité et l'exactitude dans les comptes protègent son honneur.

Une bonne comptabilité impose la régularité dans les rentrées, la modération dans les dépenses, l'ordre dans la tenue de la maison.

En résumé et voilà le but de cette étude : Il

s'agit pour chacun de nous de prendre des
méthodes simples, connues et qui convien-
nent le mieux aux habitudes du pays que l'on
habite et à la nature des affaires que l'on
traite.

Les titulaires des grandes Études restent
libres de développer leur comptabilité en aug-
mentant les écritures et les reports, de manière à avoir des moyens de contrôle plus
sûrs et plus nombreux.

Après avoir parcouru et étudié les divers
ouvrages de M. Charles Fournier, sur les
éléments de comptabilité et de tenue des livres
de notaires, et de MM. Louis Garnier, Lejag,
Lemaire, Normand, Odin, Oudin et Peuret,
voici, je crois, même en la simplifiant selon
l'importance de l'Étude, la méthode qu'il nous
convient d'adopter et qui est celle proposée
par le Comité des Notaires des départements.

Il faut diviser la comptabilité en deux
parties.

L'une spéciale aux recettes et dépenses concernant les actes et la tenue de l'Étude.

L'autre spéciale aux recettes et dépenses
concernant les clients.

I

COMPTABILITÉ D'ÉTUDE

En général elle comprend trois registres :

1° Le premier est appelé *Livre de Caisse* ou *Main-Courante*. C'est sur lui que s'inscrivent à l'instant même où elles sont faites, les recettes et les dépenses concernant seulement l'Étude.

Il est divisé en plusieurs colonnes sur lesquelles on inscrit séparément le nom de la personne, la date de l'opération, la cause de la recette ou de la dépense. Un total au bas de chaque colonne de recettes et de dépenses permet de faire tous les jours la caisse et de voir si la différence entre les recettes et les dépenses concorde avec les espèces en caisse.

Un numéro d'ordre pour chaque opération doit concorder avec celui du Grand-Livre.

2° Le *Journal d'Etude* est le registre sur lequel on inscrit les actes et toutes les opérations donnant lieu à une dépense ou à un honoraire ou rémunération ; il est divisé en

cases horizontales pour chaque opération avec colonnes :

La première, porte le numéro de l'acte.

La deuxième, la date.

La troisième, les noms, prénoms et demeure des parties.

La quatrième, l'énonciation de l'acte ou de l'opération.

La cinquième, le détail des frais et déboursés.

La sixième, les rôles et les honoraires ; de telle sorte qu'à la fin du mois, en additionnant cette colonne, le notaire se rend compte du revenu brut de l'Étude dans le mois.

Enfin, la septième, le folio du Grand-Livre où devra être reporté le total dû pour chaque acte ou opération.

Et 3° Le *Grand-Livre des Débets* est le registre sur lequel se relèvent, au nom de chaque client, les actes ou opérations faits pour son compte.

Ce registre est divisé en deux parties :

La première est consacrée au débit du client et la deuxième à son crédit.

Il est aussi divisé par colonnes contenant les diverses énonciations ci-dessus.

Il doit être complété par une table alphabétique avec numéros pour faciliter les recherches.

Beaucoup de notaires ont adopté le système de fiches pour remplacer le Grand-Livre des Débets. Mais ce système est plus compliqué, et il est en même temps moins complet et moins sûr. L'administration de l'enregistrement l'a cependant adopté pour faciliter les recherches des receveurs.

Le Grand-Livre des Débets sur lequel on doit reporter à des comptes individuels tous les actes ou opérations d'Étude faits pour un client, devient un répertoire d'une utilité précieuse lors des inventaires et des liquidations que l'on fait au moment des cessions d'offices tandis que les fiches peuvent s'égarer.

Le mode de comptabilité que nous venons d'exposer permet de se rendre compte du produit de l'Étude et pour les honoraires et pour le net encaissé, et en même temps de connaitre facilement l'importance des charges annuelles et la marche des recouvrements.

II

COMPTABILITÉ DES CLIENTS

———

La tenue de cette comptabilité demande deux registres :

1° Un *Livre de Caisse* vérifié chaque soir ;

2° Un *Grand-Livre* dit des Comptes-Clients.

Le Registre de Caisse a la même forme que celui indiqué pour l'Étude, c'est-à-dire une première colonne contenant une série de numéros.

La deuxième, les noms, prénoms, qualité, demeure de la personne que l'opération concerne.

La troisième, la date de la recette ou de la dépense.

La quatrième, le montant de la recette.

La cinquième, le montant de la dépense.

Enfin, une dernière colonne indique le folio du Grand-Journal où est relevée l'opération.

A la fin du mois on fait la balance et on reporte le résultat au mois suivant.

Le deuxième registre ou Grand-Livre est

celui sur lequel on ouvre un compte au nom de chaque client avec ses nom, prénoms, profession et demeure.

Il est divisé en colonnes avec les diverses énonciations contenues sur les autres registres. Il doit être terminé par une table alphabétique pour trouver de suite le compte du client qui se présente.

Les Grand-Livre de Débets et de Clients doivent être tenus au courant à huit jours ou quinze jours près au plus.

Il faut, et ceci est de la plus rigoureuse nécessité, que le notaire sache sa situation, soit comme recouvrement, soit comme dépôts ; aussi faut-il recommander les relevés.

Chaque notaire doit au moins, tous les trois mois pour les comptes-clients ou capitaux, et tous les ans pour les recouvrements, faire une balance de ses comptes.

Cette opération est très utile, sinon il est facile de se laisser déborder par l'augmentation des débets ou de s'exposer à n'avoir pas en caisse les capitaux que les notaires doivent tenir à tout instant à la disposition des clients.

Comme complément de la comptabilité, je crois aussi, mes chers collègues, devoir vous recommander l'usage des reçus détachés d'un

registre à souche. Ce registre évite bien des erreurs et des omissions.

Je crois inutile, ici, de donner des indications sur la comptabilité purement personnelle de chaque notaire ; ce serait sortir du cadre qui m'a été tracé.

Laissez-moi vous faire remarquer qu'ainsi que j'ai eu l'honneur de vous le dire, je ne vous propose pas un mode unique de comptabilité.

Je n'ignore pas qu'il y en a plusieurs qui présentent chacun leurs avantages. Mais je vous ai exposé celui, qu'à mon sens, je crois préférable et qui peut être adopté soit en entier, soit partiellement, soit encore avec des modifications que la pratique ferait reconnaitre utiles.

Toute comptabilité sera bonne, qui vous fournira les moyens d'obtenir la connaissance exacte, complète et instantanée des dépôts et de la marche des recouvrements.

Qu'une fois au moins par an, vous établissiez rigoureusement votre actif et votre passif, et vous trouverez dans cette façon d'agir des avantages incontestables, notamment la sécurité pour vos clients et la tranquillité pour vous-même.

En terminant ce modeste travail, permettez-moi, mes chers collègues, de vous remercier de la bienveillante attention que vous avez bien voulu me prêter et de vous dire, une fois de plus, combien il est important pour le notariat d'avoir des comptabilités bien tenues ; car, partout où ces pratiques d'ordre et de vigilance ont été observées, les notaires en ont recueilli et en recueillent tous les jours les meilleurs résultats.